einfach VEGAN

2011
Alle Rechte vorbehalten
© by Brigitte Ablinger
ISBN 978-3-200-02382-6

einfach VEGAN

Kochvorschläge auf pflanzlicher Basis
von Brigitte Ablinger

Ohne tierisches Eiweiß wie Fleisch, Fisch,
Eier und Milchprodukte.

Alle Rezepte für 2 Personen.

Meine Empfehlung

Mit großer Freude habe ich das Skriptum dieses Buches in die Hand genommen. Brigitte ist eine langjährige Patientin von mir und hat über viele Jahre schon aktiv an meinen Heilkuren teilgenommen. Mit ihrem Engagement an unseren neuen Ideen und ihren veganen Kochkünsten bezaubert sie nicht nur ihre Familie, sondern hat auch den anderen Kurteilnehmern immer mit Ratschlägen und Beispielen den guten Geschmack und die Leichtigkeit der Zubereitung von veganen Gerichten ans Herz gelegt. Schön und besonders ist, dass auch gelerntes Wissen und eigene Lebenserfahrung einfließen konnten, welche die üblicherweise andernorts eher trockene Kochlektüre hier mit dem Gewürz der besonderen Persönlichkeit versehen und so den Menschen, welche die Ausheilung von Leiden und die Gesunderhaltung bis ins hohe Alter anstreben, besonders ins Herz zu gehen vermag.

Mit der Hoffnung, dass diese Lektüre eine große Verbreitung findet und dadurch das Leben noch lebenswerter macht, empfehle ich den Lesern dieses Buch mit seinen guten Rezepten und schönen Bildern besonders herzlich!

Mit lieben Grüßen und Dank für diese Arbeit

Dr. Josef A. Egger, Piesendorf 2011

Vorwort

Mir ist daran gelegen, Ihnen die Bekömmlichkeit und vor allem den Genuss der veganen Küche in einfachen und erprobten Rezeptvorschlägen näher zu bringen.

Die Basis bilden saisonale, frische Gemüse, Kräuter und Früchte, die kombiniert mit Getreiden und Hülsenfrüchten unzählige Möglichkeiten für vegane Gerichte bieten.

Alle Rezeptvorschläge wurden von Freunden aus meinem Bekanntenkreis bereits erfolgreich nachgekocht.

Viel Freude und ebenfalls gutes Gelingen wünscht

Brigitte Ablinger

Vorspeisen

Bärlauchrisotto

Zutaten
1 Tasse Reis
1 EL Öl
2 Tassen klare Gemüsesuppe
2 EL Sojaobers
1 Tasse frische Bärlauchblätter,
fein gehackt
Salz

Zubereitung
Den Reis in Öl kurz anrösten, mit der Gemüsesuppe aufgießen und zirka 30 Minuten weichdünsten.

Dann mit Bärlauch und Sojaobers durchmischen.

Bärlauchpesto

Zutaten
3 Hv Bärlauchblätter
Salz
5 EL Olivenöl
1 TL Zitronensaft
2 EL Pinienkerne
Pfeffer, weiß

Zubereitung
Die Bärlauchblätter grob schneiden, im Cutter mit den übrigen Zutaten zerkleinern. Pesto in ein Glas abfüllen. Penne oder Spaghetti *al dente* kochen und mit Bärlauchpesto abmischen.

Brötchen

Zutaten
500 g Roggenvollmehl
500 g Weizenvollmehl
1 P. Hefe (für 1 kg Mehl)
1 P. Sauerteig (für 1 kg Mehl)
(oder Sauerteig selbstgemacht)
1 EL Fenchel und Koriander gemischt
1 EL Salz
800 ml Wasser

Zubereitung
Alle Zutaten zu einem Teig vermischen. Das Wasser nach und nach zugeben, bis ein geschmeidiger Teig entsteht. Zugedeckt an einem warmen Ort 1 Stunde gehen lassen.
Kleine Brötchen formen und nochmals eine ¼ Stunde gehen lassen.
Ins Backrohr eine Schale Wasser stellen und
bei 200 Grad Heißluft zirka 25 bis 30 Minuten knusprig braun backen.

Gegrilltes Gemüse

Zutaten
1 kleiner Zucchino
2 Tomaten
1 kleine Zwiebel
Salz
Pfeffer
1 EL Balsamicoessig
1 EL Olivenöl
Schnittlauch und Kresse
(oder beliebige Gemüse der Saison grillen)

Zubereitung
Zucchino der Länge nach einen ½ cm dick schneiden und in Öl braun anbraten, ebenso ganz kurz die Tomaten und die Zwiebel.
Mit Kräutern und Balsamicoessig dekorieren.
Als Beilage frische Brötchen.

Gemüsesulz

Zutaten
½ l Wasser
1 TL Agar Agar
1 Zucchino
1 Essiggurke
1 Karotte
Salz
1 EL Apfelessig
Pfeffer

Zubereitung
Die Karotten, den Zucchino und das Essiggurkerl klein schneiden und 5 Minuten kochen. Das Wasser mit Agar Agar, Apfelessig, Salz und Pfeffer aufkochen, gekochtes Gemüse dazugeben. In Schälchen gießen und auskühlen lassen.

Kartoffelaufstrich

Zutaten
4 Kartoffeln
1 kleiner Pfefferoni
3 EL Sojaobers
Pfeffer
1 kleine Zwiebel
Salz
½ TL Apfelessig

Zubereitung
Die Kartoffeln weichkochen und grob reiben. Die Zwiebel und Pfefferoni fein hacken und mit Apfelessig, Sojaobers, Salz und Pfeffer gut mischen.

Kohlrabi mit Kräuterdip

Zutaten
2 Kohlrabi
10 dag Tofu
1 EL Olivenöl
1 Hv frische Kräuter, gemischt (Petersilie, Schnittlauch, Gundelrebe und Kresse)
3 EL Sojaobers
Salz
Pfeffer

Zubereitung
Den Tofu zerdrücken, mit Öl, Sojaobers und klein gehackten Kräutern gut abmischen, mit Salz und Pfeffer abschmecken.
Die Kohlrabi in Stifte schneiden und zum Kräuterdip reichen.

Kräuteraufstrich

Zutaten
10 dag Tofu
1 EL Olivenöl
1 Hv frische Kräuter, gemischt
(Petersilie, Schnittlauch,
Gundelrebe und Kresse)
1 TL milder Kräuteressig
Salz
Pfeffer

Zubereitung
Den Tofu zerdrücken, mit Öl und klein gehackten Kräutern gut abmischen, mit Salz und Pfeffer würzen.

Rote-Rüben-Carpaccio

Zutaten

1 Rote Rübe, mittelgroß
1 EL Olivenöl
1 EL Balsamicoessig
1 EL Kresse
1 EL Kren, gerieben
Salz und Pfeffer

Zubereitung

Die Rote Rübe in Salzwasser zirka 30 Minuten kochen, schälen und abkühlen lassen.
Dann in sehr dünne Scheiben schneiden.
Auf einem Teller auflegen, mit Salz und Pfeffer würzen, Balsamicoessig und Olivenöl darüberträufeln.
Mit Kren und Kresse garnieren.

Tofu mit Tomaten

Zutaten
4 kleine Tomaten
Salz
Olivenöl
Balsamicoessig
Naturtofu
Basilikumblätter

Zubereitung
Abwechselnd die Tomaten und den Tofu auf einen Teller legen, mit den Basilikumblättern garnieren, mit Olivenöl und Balsamicoessig beträufeln.

Suppen

Bärlauchsuppe

Zutaten
2 EL Öl
1 kleine Knoblauchzehe
2 Tassen Bärlauchblättter
1 EL Mehl
½ l Wasser
Salz und Pfeffer

Zubereitung
Die Bärlauchblätter klein hacken. Knoblauchzehe klein schneiden und in Öl kurz durchrösten, das Mehl dazugeben, mit Wasser aufgießen, zirka 5 Minuten köcheln, dann den Bärlauch dazugeben und würzen, nochmals kurz aufkochen. Mit dem Pürierstab aufmixen und servieren.

Bohnen-Linsensuppe

Zutaten
1 Hv Hülsenfrüchte, gemischt
Bohnen, Linsen, Grünkern, Erbsen und Dinkel
¾ l Gemüsesuppe
1 kleine Chilischote
3 Tomaten
Salz

Zubereitung
Die Hülsenfrüchte 24 Stunden in reichlich Wasser einweichen und dann abseihen.
Die Tomaten klein schneiden und mit den Hülsenfrüchten und der klein geschnittenen Chilischote in der Gemüsesuppe 1 Stunde weich dünsten.

Gemüsesuppe

Zutaten

1 Karotte
1 Kohlrabi
1 Hv Erbsen
1 TL Liebstöcklkraut
Salz
Petersiliengrün
Schnittlauch

Zubereitung

Alle Gemüse klein schneiden und in zirka einem ¾ Liter Wasser nicht zu weich kochen. Die Suppe mit frischen Kräutern servieren.

Karfiolsuppe

Zutaten
1 Karfiol
½ l Gemüsesuppe
1 EL Öl
1 EL Mehl
1 TL Kümmel
Pfeffer
Salz

Zubereitung
Mit Öl und Mehl eine helle Einbrenn zubereiten und mit der Gemüsesuppe aufgießen. Den in kleine Stücke zerteilten Karfiol dazugeben. Mit Salz, Pfeffer und Kümmel würzen und zirka 20 Minuten weich kochen.

Karotten-Ingwersuppe

Zutaten

2 Karotten
1 EL Ingwer, frisch
1 TL Sesam, schwarz
½ l Gemüsesuppe
Salz
Pfeffer, weiß
Kresseblätter
Paprikastreifen, rote

Zubereitung

Die Karotten klein schneiden, ebenso den Ingwer. In der Gemüsesuppe eine ½ Stunde weich kochen, dann pürieren. Mit Salz und Pfeffer abschmecken und vor dem Servieren mit Sesam, Kresse und roten Paprikastreifen dekorieren.

Kartoffelgulasch

Zutaten
1 Zwiebel
4 Kartoffeln
1 mittelgroße Karotte
1 EL Paprikapulver
1 TL Majoran
Salz
1 Chilischote
Petersilie
1 EL Apfelessig
¾ l Gemüsesuppe

Zubereitung
Die Zwiebel fein hacken und in Pflanzenöl anrösten, Paprikapulver ganz kurz mitrösten, mit Suppe aufgießen, Gewürze und Apfelessig zugeben und zirka eine ½ Stunde köcheln, dann die würfelig geschnittenen Kartoffeln und die klein geschnittene Karotte beigeben und weitere 20 Minuten köcheln lassen.

Kartoffel-Selleriesuppe

Zutaten
2 große Kartoffeln, mehlig
1 Sellerieknolle
¾ l Wasser
1 Lorbeerblatt
Salz
Pfeffer, weiß
Kümmel
2 Majoranzweigerln

Zubereitung
Die Kartoffeln und die Sellerie schälen, klein würfelig schneiden, ins kochende Wasser mit den Gewürzen geben und zirka 15 Minuten kochen. Mit dem Stabmixer pürieren und mit den Majoranzweigerln dekoriert servieren.

Kartoffelsuppe

Zutaten
2 große Kartoffeln, mehlig
¾ l Wasser
2 Majoranzweigerln
1 Lorbeerblatt
Kümmel
Salz
Pfeffer, weiß

Zubereitung
Die Kartoffeln schälen, klein würfelig schneiden, ins kochende Wasser mit den Gewürzen geben und zirka 15 Minuten kochen.
Zum Servieren mit den Majoranzweigerln dekorieren.

Kräuterfritatten

Zutaten
3 EL Dinkelvollmehl
¼ l Wasser
Salz
3 EL frische Kräuter

Zubereitung
Das Mehl mit Wasser, Kräutern und Salz gut mischen, das Pflanzenöl in der Pfanne erhitzen und Palatschinken auf beiden Seiten braun backen, einrollen und in 5-mm-Streifen schneiden.
Mit klarer Gemüsesuppe servieren.

Kräutersuppe

Zutaten
1 EL Gundelrebe
1 EL Löwenzahn
1 EL Vogelmiere
1 EL Brennnessel
1 EL Schnittlauch
Pfeffer, weiß
½ l Wasser
1 Gemüsesuppenwürfel

Zubereitung
Das Wasser mit dem Suppenwürfel aufkochen, fein gehackte Kräuter dazugeben (bei Löwenzahn und Brennnessel ganz junge Blätter verwenden) und nochmals kurz erhitzen.

Kressesuppe

Zutaten
1 Hv Kresse
½ l Gemüsesuppe
2 Schalotten
½ Knoblauchzehe
Salz
Pfeffer, weiß
Muskat
1 EL Öl
1 EL Speisestärke
2 EL geröstete Schwarzbrotwürfeln

Zubereitung
Öl in einem Topf erhitzen, klein geschnittene Schalotten und Knoblauch darin anschwitzen, Speisestärke kurz unterrühren, dann mit der Gemüsesuppe aufgießen und 5 Minuten kochen. Mit Salz, Pfeffer und Muskatnuss abschmecken. Vor dem Servieren die Kresse und die gerösteten Brotwürfeln dazugeben.

Kürbissuppe

Zutaten
1 kleiner Kürbis Hokkaido
Salz
Pflanzenöl
1 Knoblauchzehe
¾ l Gemüsesuppe
Pfeffer, weiß
1 TL Kümmel

Zubereitung
Das Öl in der Pfanne erhitzen, den klein geschnittenen Kürbis kurz anrösten, mit Gemüsesuppe aufgießen, die Gewürze dazugeben und zirka 30 Minuten weich kochen. Mit dem Stabmixer pürieren.

Rote Rübensuppe

Zutaten
1 Rote Rübe
½ l Gemüsesuppe
Salz
Pfeffer
Muskat
Kümmel
4 EL Kren, gerieben
1 TL Balsamicoessig

Zubereitung
Die Rote Rübe fein reiben und in der Gemüsesuppe mit den Gewürzen zirka eine ½ Stunde kochen, mit dem Pürierstab mixen und vor dem Servieren mit geriebenem Kren und Balsamicoessig abschmecken.

Spargelsuppe

Zutaten
4 Spargelstangen, mittel
½ l Gemüsesuppe
1 EL Öl
1 EL Mehl
1 TL Kümmel
1 TL Petersilie und Kresse
Pfeffer
Salz

Zubereitung
Mit Öl und Mehl eine helle Einbrenn anrühren und mit der Gemüsesuppe aufgießen. Den geschälten und in kleine Stücke geschnittenen Spargel dazugeben. Mit Salz, Pfeffer und Kümmel würzen und zirka 20 Minuten köcheln lassen. Kresse und die gehackte Petersilie darüberstreuen und servieren.

Tomatensuppe

Zutaten

½ l Tomaten, passiert
Salz
1 EL Öl
1 TL Zucker
1 EL Balsamicoessig
Pfeffer, weiß
2 Rosmarinzweigerln zum Dekorieren

Zubereitung

Das Öl in einer Pfanne erhitzen, den Zucker dazugeben und karamelisieren, mit einem ¼ Liter Wasser aufgießen, die passierten Tomaten dazugeben und zirka 10 Minuten kochen.
Mit Salz, Pfeffer und Balsamicoessig abschmecken und mit den Rosmarinzweigerln vor dem Servieren dekorieren.

Zucchinosuppe

Zutaten
1 Zucchino, mittelgroß
Salz
Pflanzenöl
1 Knoblauchzehe
½ l Sojamilch oder Hafermilch
Pfeffer, weiß
Schnittlauch und Kresse

Zubereitung
Das Öl in einer Pfanne erhitzen, den klein geschnittenen Zucchino anrösten, mit Mehl stauben
und nochmals kurz rösten, dann mit Soja- oder Hafermilch aufgießen, würzen und zirka 5 Minuten köcheln lassen.

Salate

Frühlingssalat mit Avocado

Zutaten
2 Hv Salatblätter
1 Avocado
1 Hv Kräuter, gemischt aus
Kresse, Gundermann, Vogelmiere und
Erdholler (Girsch)
Salz
1 EL Balsamicoessig
1 EL Olivenöl

Zubereitung
Den Salat zerpflücken, Avocado in 5-mm-Scheibchen schneiden und alle Kräuter grob hacken.
In einer Schüssel alle Zutaten gut durchmischen.

Gurken-Paprikasalat

Zutaten
1 Gurke
1 TL Paprikapulver
1 EL Olivenöl
2 EL Apfelessig
1 Knoblauchzehe
Salz

Zubereitung
Aus den Zutaten eine Marinade zubereiten und die geschälte, blättrig geschnittene Gurke dazugeben und durchmischen.

Kartoffel-Gurkensalat

Zutaten
4 Kartoffeln
1 Gurke
2 EL Olivenöl
2 EL Apfelessig
2 EL Schnittlauch
1 Schalotte

Zubereitung
Die Marinade mischen, die klein gehackte Schalotte dazugeben.
Weichgekochte Kartoffeln blättrig schneiden und zirka 10 Minuten in der Marinade ziehen lassen, dann mit der blättrig geschnittenen Gurke und dem Schnittlauch abmischen.

Krautsalat

Zutaten
3 Hv Kraut, fein gehobelt
½ TL Kümmel
1 EL Olivenöl
2 EL Apfelessig
Salz

Zubereitung
Das fein gehobelte Kraut salzen und fest drücken (damit es saftig wird), dann den Kümmel, Öl und Essig dazugeben und durchmischen.

Kichererbsen mit Erdbeeren

Zutaten
1 Hv Kichererbsen
1 EL Orangensaft
1 EL Zitronensaft
2 EL Kokosflocken
1 EL Zucker
2 EL Balsamicoessig
1 Hv Erdbeeren
Minzeblätter

Zubereitung
Die Kichererbsen über Nacht einweichen, dann in einem ½ Liter gesalzenem Wasser weich kochen, abseihen und erkalten lassen.
Dann mit Orangensaft, Zitronensaft, Zucker, Balsamicoessig und Kokosraspeln abmischen und eine ¼ Stunde ziehen lassen.
Zuletzt die geschnittenen Erdbeeren und die Minzeblätter vorsichtig unterheben.

Spargel-Erdbeersalat

Zutaten
2 Stangen Spargel
2 Hv Erdbeeren
Balsamicoessig
Salz
Minzeblätter

Zubereitung
Den geschälten Spargel in kleine Scheiben schneiden und 5 Minuten in kochendes Wasser geben, dann abseihen und mit Balsamicoessig und Salz abschmecken, die halbierten Erdbeeren und die Minzeblätter dazugeben und vorsichtig durchmischen.

Spargelsalat

Zutaten
6 Spargelstangen
¼ l Gemüsesuppe
Salz
Olivenöl
1 TL Zitronensaft
1 TL Balsamicoessig
Pfeffer, weiß
Schnittlauch und Kresse
1 EL geröstete Pinienkerne

Zubereitung
Die Spargelstangen schälen, in 1-cm-Stücke schneiden und in der Gemüsesuppe höchstens 5 Minuten köcheln. Dann mit Balsamicoessig, Öl, Zitronensaft, Salz, Pfeffer und Schnittlauch durchmischen, zuletzt mit den gerösteten Pinienkernen und Kräutern bestreuen.

Sprossensalat

Zutaten
2 Hv verschiedene Sprossen
der Sojabohne, Alfalfa, Rettich
und Kresse
1 Hv Salatblätter
1 Zucchino, kleiner
2 Frühzwiebeln, kleine
1 EL Balsamicoessig
1 EL Orangensaft
2 EL Brotwürferln
Salz
Knoblauch

Zubereitung
Die Brotwürferln in Öl und Knoblauch anrösten, den Zucchino und die Zwieberln anbraten.
Die Sprossen und Brotwürferln über den marinierten Salat streuen und servieren.

Salat mit Alfalfa

Zutaten
1 Hv Alfalfa
2 Hv Salatblätter
1 EL Weinessig
1 TL Öl (Kernöl)
Salz

Zubereitung
Die Alfalfa Sprossen über den marinierten Salat streuen und servieren.

Salat mit Eierschwammerln

Zutaten
1 Hv Eierschwammerln
2 Hv Salatblätter
1 EL Weinessig
1 TL Öl (Kernöl)
1 EL Öl
2 EL Brotwürfeln, geröstet
1 EL Sprossen

Zubereitung
Die Eierschwammerln anrösten und mit den gerösteten Brotwürfeln und den Sprossen über den marinierten Salat streuen und servieren.

Saucen

Champignonsauce

Zutaten

2 EL Öl
1 kleine Zwiebel
20 dag Champignons
Schnittlauch, Petersilie
¼ l Sojaobers
¼ l Wasser
Salz und Pfeffer

Zubereitung

Die klein gehackte Zwiebel in Öl mit den blättrig geschnittenen Champignons anbraten,
mit Wasser aufgießen und zirka 5 Minuten köcheln.
Die Kräuter dazugeben und würzen, vor dem Servieren das Sojaobers einrühren.

Als Beilage Spinatknödel (Seite 164),
Reis oder Kartoffeln.

Gemüsesauce

Zutaten
2 EL Öl
1 kleine Zwiebel
1 Karotte
1 Petersilienwurzel
1 kleines Stück Sellerie
Schnittlauch, Petersilie
½ l Wasser
1 Lorbeerblatt
Salz und Pfeffer

Zubereitung
Die klein gehackte Zwiebel in Öl mit der würfelig geschnittenen Karotte, Petersilie und Sellerie zirka eine ½ Stunde durchrösten, dann mit Wasser aufgießen, das Lorbeerblatt dazugeben, salzen und pfeffern und eine weitere ½ Stunde köcheln.
Dann mit dem Stabmixer pürieren, die Kräuter dazugeben und abschmecken.

Kräutersauce

Zutaten
2 EL Öl
1 Knoblauchzehe
1 kleine Zwiebel
frische Kräuter wie
Schnittlauch, Petersilie,
eventuell Bärlauchblätter
Muskat
¼ l Sojaobers
¼ l Wasser
Salz und Pfeffer

Zubereitung
Die klein gehackte Zwiebel in Öl kurz anrösten, den Knoblauch dazugeben, mit Wasser aufgießen und zirka 5 Minuten köcheln. Dann die klein gehackten Kräuter dazugeben und würzen, Sojaobers vor dem Servieren einrühren.

Spargelsauce

Zutaten
6 mittelgroße Spargelstangen
Salz
Olivenöl
1 EL Mehl
1 EL Zitronensaft
1 EL Balsamicoessig
½ l Wasser
Schnittlauch

Zubereitung
Den Spargel schälen und in 2-cm-Stücke schneiden. Das Öl in der Pfanne erhitzen, mit Mehl eine helle Einbrenn zubereiten, mit einem ½ Liter Wasser aufgießen, salzen und zirka 15 Minuten leicht köcheln lassen. Mit Balsamicoessig und Zitronensaft abschmecken und mit Schnittlauch bestreuen.

Als Beilage Salzkartoffeln servieren.

Tomatensauce

Zutaten
2 EL Öl
1 Knoblauchzehe
1 kleine Zwiebel
¼ l passierte Tomaten
1 EL Zucker
¼ l Gemüsesuppe
Muskat
Salz und Pfeffer

Zubereitung
Das Öl in einer Pfanne erhitzen, mit der klein gehackten Zwiebel, Knoblauch und Zucker anrösten und mit der Gemüsesuppe aufgießen.
Dann das Tomatenmark dazugeben und 15 Minuten köcheln. Mit Muskat, Salz und Pfeffer würzen.

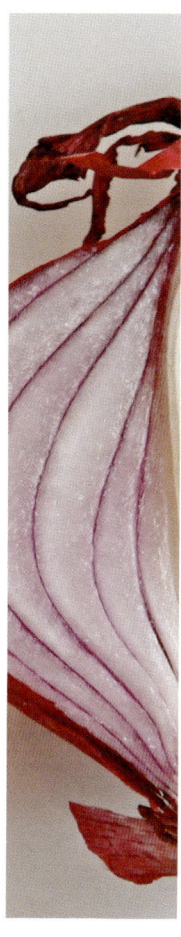

Hauptspeisen

Bärlauchrisotto

Zutaten

1 Tasse Reis
1 EL Öl
2 Tassen klare Gemüsesuppe
2 EL Sojaobers
1 Tasse frische Bärlauchblätter,
fein gehackt
Salz

Zubereitung

Den Reis in Öl kurz anrösten, mit der Gemüsesuppe aufgießen und zirka 30 Minuten weichdünsten.
Dann mit Bärlauch und Sojaobers durchmischen.

Blumenkohl mit Bröseln

Zutaten

1 Blumenkohl
1 Tasse Brösel
1 TL Kümmel
1 EL Olivenöl
Salz

Zubereitung

Den Blumenkohl in wenig Wasser zirka 20 Minuten mit Salz und Kümmel weichdünsten.
Die Bröseln im Öl anrösten und vor dem Servieren über den Blumenkohl streuen.

Als Beilage Bratkartoffeln servieren.

Brennnesselspinat

Zutaten
8 Hv junge Brennnesselspitzen
1 kleine Knoblauchzehe
1 EL Mehl
2 EL Öl
Salz
Pfeffer, weiß
Muskat

Zubereitung
Die Brennnesselblätter zirka 10 Minuten in einem ¼ Liter Wasser dünsten, dann mit dem Stabmixer pürieren.
Das Mehl in Öl kurz anschwitzen, den Knoblauch beigeben, dann den passierten Spinat unterrühren. Mit Salz, Pfeffer und mit einer Prise geriebener Muskatnuss abschmecken.

Als Beilage Salzkartoffeln servieren.

Couscous mit Zucchino

Zutaten
½ Tasse Couscous
2 Tassen Gemüsesuppe
1 Zucchino
4 Cocktail-Tomaten
Rosmarin
Curry

Zubereitung
Den Couscous in die kochende Gemüsesuppe, mit etwas Curry und Rosmarin geben und 10 Minuten ausquellen lassen.
Den Zucchino in Längsstreifen schneiden, auf jeden Streifen 1 Esslöffel vom fertigen Couscous geben und einrollen. Auf ein gefettetes Blech legen, ebenso die eingeschnittenen Tomaten. Mit Rosmarin bestreuen und im Backrohr bei 180 Grad Heißluft zirka 20 Minuten bräunen.

Dinkelspaghetti mit Karotten

Zutaten
160 dag Dinkel-Vollkornspaghetti ohne Ei
2 Karotten
2 EL Pinienkerne
1 EL Petersilie
1 TL Basilikum
1 EL Zitronensaft
1 EL Öl
Salz

Zubereitung
Die Spaghetti in reichlich Salzwasser *al dente* kochen. Die Pinienkerne im Öl braun anrösten, die Karotten grob raspeln und dazugeben, kurz durchschwenken, mit Salz und Zitronensaft würzen und mit den Spaghetti und den Kräutern mischen und servieren.

Geröstete Eierschwammerln

Zutaten
20 dag Eierschwammerln
1 kleine Zwiebel
1 EL Petersilie
Salz
Pfeffer
2 EL Olivenöl

Zubereitung
Geputzte, blättrig geschnittene Eierschwammerln mit der klein geschnittenen Zwiebel im Öl anbraten, salzen, pfeffern und mit der Petersilie bestreuen.

Eierschwammerln-Zucchini-Eintopf

Zutaten
¼ kg Eierschwammerln
2 kleine Zucchini
1 EL Öl
1 kleine Zwiebel
2 EL Mehl
1 Hv Petersiliengrün
1 EL Balsamicoessig
½ l Gemüsesuppe
Salz
Pfeffer

Zubereitung
Die klein geschnittene Zwiebel im Öl bräunen.
Klein geschnittene Zucchini und Eierschwammerln dazugeben und 5 Minuten anrösten.
Dann mit Mehl stauben und mit einem ½ Liter Gemüsesuppe aufgießen und eine ¼ Stunde köcheln lassen.
Vor dem Servieren mit Salz, Pfeffer und Balsamicoessig abschmecken und die gehackte Petersilie darüberstreuen.

Erbsenschoten mit Kartoffeln

Zutaten
2 Hv Erbsenschoten
¼ kg ca. 8 Stück kleine Frühkartoffeln
Salz
Rosmarin
2 EL Öl

Zubereitung der Kartoffeln
Die Kartoffeln fest abbürsten, halbieren und in einer mit Öl bestrichenen Pfanne auflegen.
Mit Rosmarin bestreuen, salzen und im Backrohr bei 180 Grad Heißluft eine ½ Stunde bräunen.

Zubereitung der Erbsen
Die Erbsenschoten in gesalzenem, kochendem Wasser 2 Minuten kochen, dann kalt abschrecken.
In einer Pfanne mit 1 Esslöffel Öl 5 Minuten garen.

Als Beilage gekochte oder gebratene Kartoffeln Servieren.

Gemüsepizza

Zutaten für den Belag
4 Tomaten, getrocknet, eingelegt
2 kleine Zucchini
Basilikum
Oregano
1 Knoblauchzehe
2 EL Olivenöl
Salz

Zutaten für den Teig
2 Tassen Mehl
1 Tasse Wasser (eher weniger)
2 EL Öl
Salz

Zubereitung
Das Mehl mit knapp einer Tasse Wasser, Öl und Salz solange kneten, bis der Teig nicht mehr klebt.
Zwei Kugeln formen und zugedeckt eine ¼ Stunde rasten lassen.
Dann zwei Pizze zirka 3-mm-dick ausziehen und im Backrohr 10 Minuten bei 180 Grad Heißluft vorbacken.
Die Tomaten und Zucchini klein schneiden, mit Öl, den Gewürzen und Knoblauch abmischen und über die zwei Pizze verteilen.
Im Backrohr bei 180 Grad Heißluft weitere 20 Minuten fertig backen.

Gemüserösti mit Kräutercreme

Zutaten
4 Kartoffeln
1 Karotte
1 kleiner Zucchino
1 EL Petersilie
1 EL Speisestärke
Salz
Öl zum Braten
Zutaten für die Kräutercreme
¼ l Sojaobers
1 Hv gemischte Kräuter, wie Petersilie
Schnittlauch, Gundelrebe und Kresse

Zubereitung
Die Kartoffeln, Karotten und den Zucchino grob raspeln und salzen. Die Petersilie und die Kartoffelstärke dazugeben, gut durchmischen und ausdrücken. Laibchen formen und in Öl auf beiden Seiten braun braten.

Dazu das mit Kräutern vermischte Sojaobers reichen.

Gegrillter Gemüsespieß

Zutaten
4 Cocktailtomaten
1 Zucchino
4 Schalotten
1 Paprika, rot
4 Champignons
Salz, Pfeffer, Curry
2 EL Öl

Zubereitung
Die Gemüse in mundgerechte Stücke schneiden und abwechselnd auf einen Spieß stecken.
Mit Öl bestreichen, mit Salz, Pfeffer und Curry würzen und am Grill garen.

Grünkernrisotto

Zutaten

1 Tasse Grünkern
1 EL Öl
2 Tassen klare Gemüsesuppe
2 EL Sojaobers
4 TL frische Kräuter, wie
Petersilie, Schnittlauch und Lauch
Salz

Zubereitung

Den Grünkern in Öl kurz anrösten, mit der Gemüsesuppe aufgießen und zirka 30 Minuten weichdünsten.
Dann mit Kräutern und Sojaobers durchmischen und zu gedünstetem oder gebratenem Gemüse der Saison servieren.

Kartoffelknöderl mit Gemüse

Zutaten
½ kg Kartoffeln
4 EL Mehl
Salz
½ TL Majoran
1 EL Öl
beliebiges Gemüse

Zubereitung
Die gekochten Kartoffeln zerdrücken und mit Mehl, etwas Salz und Majoran zu einem festen Teig verkneten. Kleine Knöderln formen und in eine gefettete Pfanne legen. Im Backrohr bei 180 Grad Heißluft zirka 40 Minuten braten.

Dazu beliebiges Gemüse servieren.

Kartoffelpuffer mit Kohl

Zutaten für die Kartoffelpuffer
4 mittelgroße Kartoffeln
Salz
2 EL Olivenöl
Zutaten für den Kohl
1 mittelgroßer Kohl
1 EL Mehl
2 EL Olivenöl
Salz, Pfeffer, Kümmel
½ l Gemüsesuppe

Zubereitung für die Kartoffelpuffer
Die rohen Kartoffeln grob raspeln, fest ausdrücken, vier Laibchen formen und in Olivenöl goldbraun backen.
Zubereitung für den Kohl
Den Kohl klein schneiden. Mit Öl und Mehl eine helle Einbrenn zubereiten und mit der Gemüsesuppe aufgießen.
Das Salz, Pfeffer und Kümmel dazugeben und zirka eine halbe Stunde kochen.

Kartoffelpüree mit Gemüse

Zutaten
4 große Kartoffeln, mehlig
1 TL Margarine
¼ l Hafermilch
Salz, Muskat
Gemüse zum Grillen

Zubereitung
Die geschälten Kartoffeln in Stücke schneiden und in einem ¼ Liter leicht gesalzenem Wasser zirka 20 Minuten weichkochen.
Im Kochwasser pürieren, Muskat und Margarine dazugeben und soviel von der Hafermilch einrühren, bis das Püree cremig ist.
Gemüse der Saison dazu grillen oder dünsten.

Kartoffelschmarren

Zutaten
6 Kartoffeln, mehlig
1 mittelgroße Zwiebel
1 TL Kümmel
1 TL Majoran
Pfeffer
Salz
Öl zum Braten

Zubereitung
Die Kartoffeln kochen, schälen und blättrig schneiden. Das Öl in einer Pfanne erhitzen und die geschnittene Zwiebel darin goldbraun rösten. Die Kartoffeln und die Gewürze dazugeben und unter öfterem Wenden zirka 15 Minuten braun braten.
Passend dazu Spinat oder Sauerkraut.

Kartoffelstrudel mit Zucchino

Zutaten
4 Kartoffeln, große, mehlige
1 Zucchino
½ TL Kümmel
1 Dinkelblätterteig (fertig)
2 EL Olivenöl
Salz

Zubereitung
Die Kartoffeln weich kochen, dann grob zerdrücken, Kümmel und Salz dazugeben und in den fertigen Blätterteig einhüllen.
Im Backrohr bei 180 Grad Heißluft zirka 20 Minuten goldbraun backen.

Den Zucchino schneiden und im Olivenöl anbraten.

Kräuterpalatschinken

Zutaten
3 EL Dinkelvollmehl
¼ l Wasser
1 Prise Salz
3 EL frische Kräuter

Zubereitung
Das Mehl mit Wasser, Kräutern und Salz gut mischen. Das Pflanzenöl in der Pfanne erhitzen und die Palatschinken auf beiden Seiten braun backen. Mit gedünstetem, gemischtem Gemüse füllen.

Krautroulade

Zutaten

100 g Sojagranulat
250 ml Gemüsesuppe
1 TL Paprikapulver
1 TL Kümmel
1 TL Hefeflocken
1 kleine Zwiebel
4 EL Olivenöl
Salz
Pfeffer
6 Krautblätter, entstielt und blanchiert

Zubereitung

Das Sojagranulat (Hackfleischersatz) in der Suppe 10 Minuten quellen lassen, die klein geschnittene Zwiebel und die Gewürze beigeben und gut mischen. Krautblätter mit Sojamasse füllen und einrollen.
Im Backrohr bei 180 Grad Heißluft zirka 20 Minuten zugedeckt braten.

135

Linsenlaibchen mit Püree und Gemüse

Zutaten für die Laibchen
½ Tasse rote Linsen
1 Prise Salz
etwas geräucherter Tofu
Zutaten für das Püree
4 große Kartoffeln, mehlig
1 TL Margarine
¼ l Hafermilch
Salz und Muskat
Gemüse der Saison

Zubereitung der Laibchen
Die Linsen in gesalzenem Wasser zirka
20 Minuten garen, mit geriebenem Tofu mischen,
zu Laibchen formen und in der Pfanne braten.

Zubereitung des Pürees
Die geschälten Kartoffeln in Stücke schneiden und
in einem ¼ Liter leicht gesalzenem Wasser zirka
20 Minuten weich kochen.
Im Kochwasser pürieren, Muskat und Margarine
dazugeben und so viel von der Hafermilch einrühren,
bis das Püree cremig ist.

Maki

Zutaten
½ Tasse Reis
1 EL Öl
1 Tasse Wasser
1 Prise Salz
2 Karotten
2 Algenblätter Nori
Sojasauce

Zubereitung
Den Reis in Öl glasig anschwitzen, mit Wasser aufgießen, salzen und zirka 20 Minuten garen.
Die Karotte bissfest kochen.
Den Reis auf Algenblätter auftragen, Karotte, oder anderes Gemüse wie zum Beispiel Avocado daraufgeben, fest einrollen und in 2-cm-Stücke schneiden.
Dazu Sojasauce und eventuell Sprossen servieren.

Mangoldroulade

Zutaten

100 g Sojagranulat
¼ l Gemüsesuppe
1 TL Paprikapulver
1 TL Majoran
1 TL Hefeflocken
1 kleine Zwiebel
4 EL Olivenöl
Salz
Pfeffer
6 Mangoldblätter

Zubereitung

Das Sojagranulat (Hackfleischersatz) in der Suppe 10 Minuten quellen lassen, klein geschnittene Zwiebeln und die Gewürze beigeben und gut mischen. Mangoldblätter entstielen und mit Sojamasse füllen und einrollen.
Im Backrohr bei 180 Grad Heißluft zirka 20 Minuten zugedeckt überbacken.

Ofenkartoffeln mit Kräutersauce

Zutaten
4 große Kartoffeln, mehlig
¼ l Sojaobers
1 TL Balsamicoessig
2 EL Petersilie, gehackt
2 EL Schnittlauch
1 Knoblauchzehe
Salz, Pfeffer

Zubereitung
Die gewaschenen und gesalzenen Kartoffeln in Alufolie wickeln und im Backrohr bei 180 Grad Heißluft zirka 45 Minuten braten.
Für die Sauce alle Zutaten gut mixen.
Die gebratenen Kartoffeln der Länge nach einschneiden und die Kräutersauce daraufgeben.

Als Beilage eventuell grünen Spargel servieren.

Palatschinken mit Zucchino

Zutaten
5 EL Dinkelvollmehl
¼ l Hafermilch
1 Prise Salz
2 EL Pflanzenöl
1 Zucchino
1 Knoblauchzehe
1 TL Basilikum

Zubereitung
Das Mehl mit der Hafermilch und Salz gut mischen. Pflanzenöl in der Pfanne erhitzen und die zwei Palatschinken auf beiden Seiten braun backen.
Mit gebratenem Zucchino füllen. Einrollen und vor dem Servieren mit frischem Basilikum bestreuen.

Gefüllte Paprika

Zutaten
4 grüne Paprika
1 Tasse Naturreis
3 Tassen Gemüsesuppe
3 TL Sojagranulat
1 kleine Zwiebel
1 TL Kümmel
1 TL Petersilie
2 EL Olivenöl
Salz

Zubereitung
Die Paprika aushöhlen. 1 Tasse Naturreis in 2 Tassen Suppe zirka 30 Minuten dünsten, dann geröstete Zwiebeln, Sojagranulat mit den Gewürzen abmischen und damit die ausgehöhlten Paprika füllen.
In eine Pfanne etwas Öl und 1 Tasse Gemüsesuppe geben und darin die Paprika zugedeckt eine ½ Stunde garen lassen.
Dazu Tomatensauce (Seite 94) servieren.

Reis mit Kräutersaitlingen

Zutaten
½ Tasse Reis
1 EL Öl
1 Tasse Wasser
1 Prise Salz
10 dag Kräutersaitlinge
Sojaobers
Petersilie und
Schnittlauch

Zubereitung
Den Reis in Öl glasig anschwitzen, mit Wasser aufgießen, salzen und zirka 20 Minuten garen.
Die Kräutersaitlinge in Öl anbraten, mit Sojaobers aufgießen und mit Petersilie und Schnittlauch bestreuen.

Schwammerlgulasch

Zutaten
2 Hv Eierschwammerln oder gemischte Pilze
1 kleine Zwiebel
1 TL Majoran
1 EL Paprikapulver
2 EL Olivenöl
1 EL Mehl, glatt
½ l Gemüsesuppe
1 EL Petersiliengrün
Salz und Pfeffer

Zubereitung
Die Zwiebel klein hacken und im Öl anrösten, dann mit Paprika und Mehl nochmals kurz durchrösten.
Mit einem ½ Liter Gemüsesuppe aufgießen und 10 Minuten köcheln lassen.
Die geputzten und eventuell geschnittenen Schwammerln dazugeben und weitere 5 Minuten köcheln lassen, dann gehackte Petersilie dazugeben, mit Salz und Pfeffer abschmecken und servieren.

Sojalaibchen (Hackfleischersatz)

Zutaten
100 g Sojagranulat
¼ l Gemüsesuppe
1 TL Paprikapulver
1 TL Majoran
1 TL Hefeflocken
1 kleine Zwiebel
4 EL Olivenöl
Salz
Pfeffer

Zubereitung
Das Sojagranulat (Hackfleischersatz) in der Suppe 10 Minuten quellen lassen, die klein geschnittene Zwiebel und die Gewürze beigeben und gut mischen. Laibchen formen und in Öl auf beiden Seiten braun anbraten.

Spaghetti mit Basilikum

Zutaten
160 dag Spaghetti ohne Ei
Salz
Olivenöl
1 Hv Basilikum

Zubereitung
Die Spaghetti in reichlich Salzwasser zirka 10 Minuten *al dente* kochen, dann abseihen. Das Basilikum fein hacken, mit Olivenöl und den Spaghetti durchmischen.

Spaghetti mit Tomatensauce

Zutaten
160 dag Spaghetti ohne Ei
Salz
2 EL Olivenöl
2 Schalotten
1 Knoblauchzehe
½ kg Tomaten, geschält
1 TL Zucker
2 EL Basilikumblätter

Zubereitung
Die Spaghetti Salzwasser zirka 10 Minuten *al dente* kochen, dann abseihen.
Die klein geschnittenen Schalotten und den Knoblauch im Olivenöl anschwitzen, mit dem Zucker nochmals kurz durchrösten.
Die geschälten und in kleine Stücke geschnittenen Tomaten dazugeben und noch einige Minuten weiterrühren.
Mit Salz und Pfeffer abschmecken. Basilikumblätter darüberstreuen.

Spargel mit Kräuterdressing

Zutaten
6 mitteldicke Spargelstangen
Salz
5 EL Olivenöl
1 TL Zitronensaft
1 Zitronenscheibe
5 EL Kräuter, gemischt wie
Schnittlauch, Kresse
und Petersilie

Zubereitung
Den Spargel schälen, in reichlich Salzwasser mit 1 Esslöffel Olivenöl zirka 15 bis 20 Minuten leicht köcheln. Für das Kräuterdressing das Olivenöl mit Käutern und Zitronensaft abmischen und würzen.

Als Beilage Kartoffeln, gekocht oder gebraten.

Spargelrisotto

Zutaten
1 Tasse Reis
1 EL Öl
2 Tassen klare Gemüsesuppe
2 EL Sojaobers
8 Stangen grüner Spargel

Zubereitung
Den Reis in Öl kurz anrösten, mit der Gemüsesuppe aufgießen und zirka 20 Minuten dünsten, dann den Spargel an den unteren Enden schälen, in 1-cm-Stückchen schneiden, zum Reis geben und weitere 10 Minuten weichdünsten.
Das Sojaobers unterrühren und servieren.

Spätzle mit Tomatensauce

Zutaten für die Spätzle
2 Tassen Mehl
1½ Tassen Wasser
2 EL Öl
Salz
2 EL frische Kräuter

Zubereitung
Alle Zutaten gut durchkneten, der Teig soll eher weich sein.
Das reichlich gesalzene Wasser in einem Topf zum Kochen bringen.
Den Teig durch ein Spätzlesieb streichen.
Wenn in zirka 5 Minuten die Spätzle oben schwimmen, sind sie fertig gekocht.

Mit der Tomatensauce (Seite 94) durchmischen und mit frischen Kräutern servieren.

163

Spinatknödel

Zutaten

4 Semmeln
5 EL Spinat, passiert
1 EL Petersilie
1 EL Semmelbrösel
1 Tasse Hafermilch
1 EL Mehl
Salz

Zubereitung

Die Semmeln klein würfelig schneiden, mit allen übrigen Zutaten gut durchkneten, je nach Bedarf noch Brösel oder Hafermilch dazugeben.
Knödel formen, in kochendes Salzwasser legen und 15 Minuten ziehen lassen.

Spinatnockerl

Zutaten
10 EL Dinkelvollmehl
5 EL Spinat, passiert
1 EL Paprikapulver
Salz
Muskat

Zubereitung
Alle Zutaten zu einem weichen Teig verrühren und zirka eine ½ Stunde zugedeckt rasten lassen.
Mit dem Löffel kleine Nockerln formen (oder den Teig durch ein Spätzlesieb streichen) und in reichlich kochendem, gesalzenem Wasser kurz aufkochen lassen, dann abseihen.
Dazu beliebige Sauce servieren.

Tomaten mit Kartoffeln gefüllt

Zutaten

4 Tomaten
1 kleiner Zucchino
2 große Kartoffeln
1 TL Rosmarin
1 TL Petersilie
2 EL Olivenöl
Salz

Zubereitung

Bei den Tomaten den oberen Teil abschneiden und aushöhlen.
Für die Fülle die Kartoffeln weich kochen und zerdrücken. Den klein geschnittenen Zucchino anbraten und dann mit den Gewürzen unter die Kartoffelmasse mischen, Tomaten damit füllen.
Im Backrohr bei 180 Grad Heißluft zirka 20 Minuten backen.

Tomaten mit Soja gefüllt

Zutaten
4 Tomaten
4 EL Sojagranulat
1 TL Majoran
1 TL Petersilie
2 EL Olivenöl
Salz

Zubereitung
Bei den Tomaten den oberen Teil abschneiden und aushöhlen.
Für die Fülle das Sojagranulat einweichen und würzen und die Tomaten damit füllen.
Im Backrohr bei 180 Grad Heißluft zirka 20 Minuten backen.

Tortellini

Zutaten für die Tortellini
2 Tassen Mehl
1 Tasse Wasser
2 EL Öl
Salz

Zutaten für die Fülle
10 dag Tofu, natur
3 EL Kräuter, gemischt
1 Knoblauchzehe
Salz
alle Zutaten gut abmischen

Zubereitung
Alle Zutaten gut durchkneten, eine ½ Stunde zugedeckt rasten lassen. Zwei Teigplatten mit zirka 1-mm-Stärke auswalken, auf die erste Teigplatte im Abstand von 4 cm 1 Teelöffel Kräuterfülle geben.
Die zweite Teigplatte mit der befeuchteten Seite fest in den Zwischenräumen mit dem Handrücken andrücken, dann 4 x 4 cm große Teigtaschen ausradeln. Ins gesalzene und kochende Wasser geben und zirka 6 Minuten leicht köcheln lassen, abseihen und mit einer Sauce aus Sojaobers und frischen Kräutern servieren.

Zwiebel gefüllt und Tomatensauce

Zutaten für die Zwiebeln
4 Zwiebeln
1 Tasse Reis
2 Tassen Gemüsesuppe
1 EL Rosinen
1 EL Pinienkerne
Salz
Zutaten für die Tomatensauce
½ kg geschälte Tomaten
1 EL Olivenöl
Salz, Pfeffer, ½ TL Zimt, 1 TL Zucker
von 4 Zwiebeln das Ausgehöhlte

Zubereitung der Zwiebeln
Die Zwiebeln aushöhlen, Reis in der Gemüsesuppe zirka 20 Minuten garen.
Mit gerösteten Pinienkernen und Rosinen mischen, damit die Zwiebeln füllen und zugedeckt
im Backrohr bei 180 Grad Heißluft zirka 50 Minuten garen.

Zubereitung der Tomatensauce
Das Olivenöl mit Zucker kurz anrösten, dann die klein geschnittenen Zwiebeln mitrösten, klein geschnittene Tomaten dazugeben und zirka 40 Minuten unter öfterem Umrühren köcheln lassen, dann salzen und pfeffern.

Süßes

Apfelschlankl

Zutaten
20 dag Margarine
30 dag Dinkelvollmehl
1 TL Hirschhornsalz
3 EL Zucker
Prise Salz
Fülle
1 kg Äpfel, säuerliche
1 Prise Zimt
2 EL Rosinen

Zubereitung für den Teig
Alle Zutaten rasch zu einem geschmeidigen Teig verkneten und im Kühlschrank zirka eine ¼ Stunde rasten lassen.
Inzwischen die Äpfel schälen und fein blättrig schneiden, mit Zimt und Rosinen mischen.
Den Teig zirka ½ cm dick auswalken, die Äpfel der Länge nach mittig verteilen und die Teigseiten nach oben klappen und festdrücken.
Im Backrohr bei 180 Grad Heißluft 40 bis 45 Minuten braun backen.

Apfelringe

Zutaten
5 EL Dinkelvollmehl
¼ l Hafermilch
1 Prise Salz
2 Äpfel
Zimt und Zucker

Zubereitung
Das Mehl mit der Hafermilch und Salz mischen.
Die Äpfel schälen, in Scheiben schneiden und das Kerngehäuse herausschneiden, dann in den Teig tauchen (soll eher dickflüssig sein) und in der Pfanne mit Öl goldbraun backen.
Vor dem Servieren mit Zucker und Zimt bestreuen.

Blätterteigtaschen mit Tofufülle

Zutaten
1 Blätterteig ohne Ei (fertig)
4 EL Tofu, natur
1 TL Zitronenschale, gerieben
1 EL Zitronensaft
2 EL Zucker
1 EL Staubzucker

Zubereitung
Den Tofu klein zerdrücken und mit den Zutaten gut abmischen.
Vom fertigen Blätterteig zirka 10 x 10 cm große Quadrate schneiden und auf jedes einen Esslöffel der Sojafülle geben und die Enden gut zusammendrücken.
Im Backrohr bei 180 Grad Heißluft zirka 20 Minuten braun backen.
Mit Staubzucker bestreuen.

Blätterteigtaschen mit Marillen

Zutaten
1 Blätterteig ohne Ei (fertig)
4 Marillen
1 EL Staubzucker

Zubereitung
Vom fertigen Blätterteig zirka 10 x 10 cm große Quadrate schneiden und auf jedes eine halbierte Marille geben und die Enden gut zusammendrücken. Im Backrohr bei 180 Grad Heißluft zirka 20 Minuten braun backen.
Mit Staubzucker bestreuen.

Erdbeergelee

Zutaten
1 Tasse kleine Erdbeeren
¼ l Wasser
1 EL Zucker
1 EL Erdbeermark
1 TL Agar Agar (pflanzliches Geliermittel)

Zubereitung
Das Erdbeermark mit Wasser und Zucker vermischen, zum Kochen bringen, dann Agar Agar einrühren und nochmals kurz aufkochen.
Die geschnittenen Erdbeeren in Schalen geben und mit Geleemasse übergießen.
Zirka 1 Stunde festigen lassen.

Erdbeertörtchen

Zutaten
4 EL Mehl
4 EL Margarine
4 EL Erdmandeln
1 TL Honig
4 EL Hafermilch
Salz

Zubereitung des Teiges
Alle Zutaten zu einem geschmeidigen Teig verkneten und in ein gefettetes Förmchen drücken.
Im Backrohr bei 180 Grad Heißluft goldbraun backen.
Belag
2 Hv Erdbeeren, geschnitten

Zubereitung des Gelees
¼ l Wasser
1 TL Agar Agar
1 TL Zucker
Alle Zutaten verrühren, kurz aufkochen und
unter Rühren etwas auskühlen lassen, dann über die geschnittenen Erdbeeren gießen.

Germstrietzel

Zutaten

½ kg Mehl, griffig
4 dag Hefe
1 EL Margarine
300ml Wasser
1 Prise Salz
5 dag Haselnüsse
5 dag Rosinen

Zubereitung

Das Mehl, die zerlassene Margarine, Wasser, Salz und die Hefe gut abmischen und verrühren, eine ½ Stunde aufgehen lassen.
Dann die Nüsse und die Rosinen beigeben und nochmals eine ¼ Stunde gehen lassen.
Nun einen Strietzel formen, auf ein mit Backpapier belegtes Backblech geben und eine weitere ¼ Stunde gehen lassen, dann im Backrohr bei 180 Grad Heißluft zirka 40 Minuten braun backen.

Heidelbeerpalatschinken

Zutaten
5 EL Dinkelvollmehl
¼ l Hafermilch
1 Prise Salz
2 EL Pflanzenöl
1 Hv Heidelbeeren
Zucker zum Bestreuen
2 Minzeblätter

Zubereitung
Das Mehl mit die Hafermilch und Salz gut mischen, dann die Heidelbeeren unterheben.
Pflanzenöl in der Pfanne erhitzen und die Palatschinken auf beiden Seiten braun backen.
Vor dem Servieren mit Zucker bestreuen und den Minzeblättern dekorieren.

Himbeergelee

Zutaten
1 Tasse Himbeeren
¼ l Wasser
1 EL Zucker
1 TL Agar Agar (pflanzliches Geliermittel)

Zubereitung
Die Himbeeren mit Wasser und dem Zucker vermischen und zum Kochen bringen, dann Agar Agar einrühren und nochmals kurz aufkochen.
In Schalen abfüllen und zirka 1 Stunde festigen lassen.

Hollerblüten

Zutaten

2 Hollerblüten
1 EL Dinkelmehl
1 EL Erdmandeln
4 EL Hafermilch
Salz
Zucker
Zimt
4 Erdbeeren
Öl

Zubereitung

Das Mehl, die Erdmandeln und die Hafermilch mit einer kleinen Prise Salz verrühren, darin die Hollerblüten tauchen und im Öl auf beiden Seiten braun backen. Mit Zimt und Zucker bestreuen und mit Erdbeeren garnieren.

Hollerpudding

Zutaten
½ l Hafermilch
2 EL Zucker
2 Hollerblüten
1 TL Agar Agar (pflanzliches Geliermittel)
1 TL Zitronenschale
2 Hv Walderdbeeren
2 Minzeblätter

Zubereitung
Die Hafermilch mit dem Zucker und Holler erhitzen, eine ¼ Stunde ziehen lassen, dann durch ein Sieb gießen, Agar Agar dazugeben und kurz aufkochen.
Die Zitronenschale einrühren, in Gläser füllen und auskühlen lassen.
Mit Walderdbeeren anrichten.

Kaiserschmarren

Zutaten
5 EL Dinkelvollmehl
¼ l Hafermilch
1 Prise Salz
1 EL Rosinen
Öl zum Braten
Zucker zum Bestreuen

Zubereitung
Das Mehl mit der Hafermilch, den Rosinen und Salz gut mischen und 5 Minuten ziehen lassen.
Das Pflanzenöl in der Pfanne erhitzen und den Teig auf beiden Seiten braun backen.
Mit zwei Gabeln zerteilen und vor dem Servieren mit Zucker bestreuen.

Kirschomelette

Zutaten
5 EL Dinkelvollmehl
¼ l Hafermilch
1 Prise Salz
1 TL Weinsteinpulver
1 EL Zucker
1 EL Öl
1 Hv Kirschen

Zubereitung
Das Mehl mit der Hafermilch, Zucker, Salz, Öl und dem Weinsteinpulver gut verrühren.
Den Teig in eine beschichtete Pfanne gießen, die Kirschen darauflegen und im Backrohr bei 180 Grad Heißluft zirka 25 Minuten goldbraun backen.
Vor dem Servieren mit Zucker bestreuen.

Limettensorbet

Zutaten
1 Tasse Wasser
2 Tassen Zucker
2 Limetten
1 TL Basilikum

Zubereitung
Das Wasser mit dem Zucker verrühren.
Schale einer Limette reiben und dazugeben.
Den Saft von zwei Limetten unterrühren, ebenso das klein gehackte Basilikum.
Eine ½ Stunde im Gefrierfach kalt stellen, dann mit dem Schneebesen aufschlagen und nochmals eine ½ Stunde ins Gefrierfach geben.
Dazu frische Früchte servieren.

Linzer Torte

Zutaten

25 dag Dinkelvollmehl
3 EL Zucker
3 TL Weinsteinpulver
25 dag Haselnüsse, gerieben
3 EL Öl
¼ l Wasser
Schale einer viertel Zitrone
4 EL Himbeermarmelade

Zubereitung

Alle Zutaten mischen, eventuell etwas Wasser nachgeben, die Masse soll gut cremig sein.
Die Hälfte der Masse in eine kleine Tortenform streichen. Die Himbeermarmelade zirka 5 mm dick daraufgeben und mit dem restlichen Teig Röllchen formen und gitterartig auf die Marmeladeschicht geben.
Im vorgeheizten Backrohr bei 180 Grad Heißluft zirka 45 Minuten backen.

Marillenknödel

Zutaten

½ kg Kartoffeln
4 EL Mehl
Salz
6 Marillen
2 EL Staubzucker
4 EL Brösel
1 EL Margarine

Zubereitung

Die gekochten Kartoffeln zerdrücken und mit Mehl und etwas Salz zu einem festen Teig verkneten.
Die Marillen entkernen und jede dünn in den Teig einwickeln und im kochenden Salzwasser
10 Minuten ziehen lassen.
Dann in gerösteten Bröseln mit Zucker walzen.

Mohnbuchteln

Zutaten
½ kg Mehl, griffig
4 dag Hefe
1 EL Margarine
300ml Wasser
1 Prise Salz
5 dag Mohn, gemahlen
2 EL Erdmandeln, gemahlen
2 EL Brösel
2 EL Zucker

Zubereitung
Das Mehl, die zerlassene Margarine, Wasser, Salz und Hefe gut abmischen und verrühren, eine ½ Stunde aufgehen lassen.
Für die Fülle den Mohn, die Erdmandeln, Bröseln und Zucker gut vermischen und kleine Kugeln formen, die jeweils in ein Stück Teig 1 cm dick und zirka 6 x 6 cm groß gewickelt werden.
In eine gefettete Form legen und nochmals eine ¼ Stunde gehen lassen, dann im Backrohr bei 180 Grad Heißluft zirka 40 Minuten braun backen.

Mohnnudeln

Zutaten
½ kg Kartoffeln
4 EL Mehl
Salz
2 EL Mohn, gemahlen
2 EL Staubzucker
1 EL Margarine

Zubereitung
Die gekochten Kartoffeln zerdrücken und mit dem Mehl und etwas Salz zu einem festen Teig verkneten.
Nudeln formen und in kochendes Salzwasser legen und 10 Minuten ziehen lassen.
In Mohn mit Zucker walzen und die zerlassene Margarine darübergeben.

Mohnstrudel

Zutaten

½ kg Mehl, griffig
4 dag Hefe
1 EL Margarine
300ml Wasser
1 Prise Salz
15 dag Mohn, gemahlen (oder Nüsse)
4 EL Erdmandeln, gemahlen
2 EL Brösel
3 EL Zucker

Zubereitung

Das Mehl, die zerlassene Margarine, Wasser, Salz und Hefe gut abmischen und verrühren, eine ½ Stunde aufgehen lassen.
Für die Fülle den Mohn, die Erdmandeln, die Bröseln und den Zucker gut vermischen.
Den Teig 1 cm dick auf einem Tuch auswalken, die Mohnfülle daraufstreichen und einrollen.
Auf ein gefettetes Blech legen und nochmals eine ¼ Stunde gehen lassen, dann leicht mit Honigwasser bestreichen und im Backrohr bei 180 Grad Heißluft braun backen.

Palatschinken

Zutaten
5 EL Dinkelvollmehl
¼ l Hafermilch
1 Prise Salz
2 EL Pflanzenöl
Marmelade für die Füllung
Erdmandeln und Zucker
zum Bestreuen

Zubereitung
Das Mehl mit der Hafermilch und Salz gut mischen. Pflanzenöl in der Pfanne erhitzen und die Palatschinken auf beiden Seiten braun backen.
Mit der Marmelade füllen, einrollen und vor dem Servieren mit Erdmandeln und Zucker bestreuen.

Polenta mit Mandelbelag

Zutaten
1 Tasse Maisgrieß
4 EL Zucker
6 EL Mandelblättchen
2 EL Margarine
3 Tassen Hafermilch
Salz

Zubereitung
Die Hafermilch salzen, mit 1 Esslöffel Zucker aufkochen, Polenta dazugeben und zirka 5 Minuten leicht köcheln, dann unter öfterem Umrühren auskühlen lassen.
In eine gefettete Form streichen.
Die Mandelblättchen mit Margarine und 3 Esslöffeln Zucker kurz anrösten, dann auf die Polentamasse verteilen und im Backrohr bei 180 Grad Heißluft 15 Minuten goldbraun backen.
Als Beilage verschiedene Kompotte oder frische Früchte servieren.

Pudding

½ l Hafermilch
2 EL Zucker
1 EL Vanillezucker
1 TL Agar Agar (pflanzliches Geliermittel)

Zubereitung
Die Hafermilch mit dem Zucker und Vanillezucker erhitzen, Agar Agar einrühren und kurz aufkochen. Auskühlen lassen.

Rhabarber-Erdbeerkompott

Zutaten
3 Stangen Rhabarber
1 Hv Erdbeeren
1 EL Zucker
1 Zweigerl Rosmarin
1 kleine Stange Zimt
½ l Wasser

Zubereitung
Den Rhabarber schälen und in 2-cm-Stücke schneiden. Das Wasser zum Kochen bringen, Zucker, Zimtstangerl und Rosmarin dazugeben, ebenso den Rhabarber.
10 Minuten ziehen lassen. Dem ausgekühlten Rhabarber die geschnittenen Erdbeeren untermischen.

Ribisel-Nachspeise

Zutaten
1 Hv Ribisel
¼ l Wasser
1 EL Zucker
1 TL Agar Agar (pflanzliches Geliermittel)

Zubereitung
Die Hälfte der Ribisel mit Wasser und dem Zucker vermischen und zum Kochen bringen
Dann Agar Agar einrühren und nochmals kurz aufkochen. Abseihen und in einem flachen Teller auskühlen lassen.
Die Herzen ausstechen und mit den übrigen Ribiseln anrichten.

Schokopudding mit Erdbeeren

Zutaten
½ l Hafermilch
2 EL Zucker
4 EL Schokolade, dunkel
1 TL Agar Agar (pflanzliches Geliermittel)
2 Hv Erdbeeren
2 Minzeblätter

Zubereitung
Die Hafermilch mit dem Zucker und der geriebenen Schokolade erhitzen, Agar Agar einrühren und kurz aufkochen. Auskühlen lassen.
Dann abwechselnd mit den geschnittenen Erdbeeren in zwei Schüsserl füllen und je mit einem Minzeblatt garnieren.

Teekuchen mit Nüssen und Rosinen

Zutaten
30 dag Weizenmehl
3 EL Zucker
3 TL Weinsteinpulver
3 EL Rosinen
3 EL Hasel- oder Walnüsse, gehackt
3 EL Öl
¼ l Wasser
Schale einer viertel Zitrone

Zubereitung
Alle Zutaten mischen, eventuell etwas Wasser nachgeben, die Masse soll gut cremig sein.
Im vorgeheizten Backrohr bei 180 Grad Heißluft zirka 45 Minuten backen.

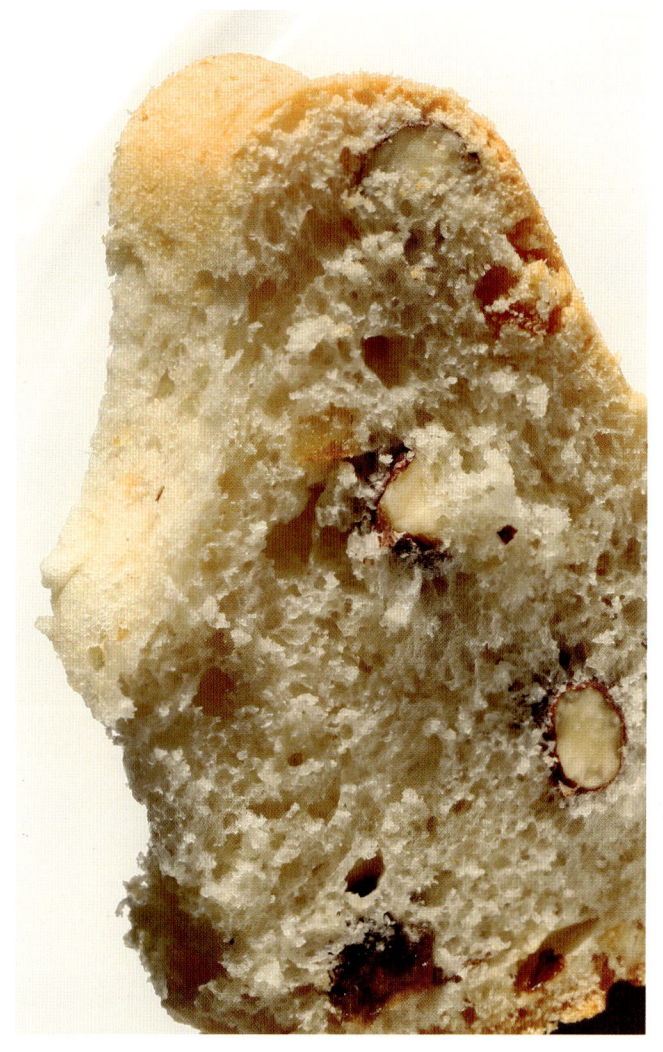

Inhaltsverzeichnis

Vorspeisen

Avocadoaufstrich 8

Bärlauchpesto 10

Brötchen 12

Gegrilltes Gemüse 14

Gemüsesulz 16

Kartoffelaufstrich 18

Kohlrabi mit Kräuterdip 20

Kräuteraufstrich 22

Rote-Rüben-Carpaccio 24

Tofu mit Tomaten 26

Suppen

Bärlauchsuppe 30

Bohnen-Linsensuppe 32

Gemüsesuppe 34

Karfiolsuppe 36

Karotten-Ingwersuppe 38

Kartoffelgulasch 40

Kartoffel-Selleriesuppe 42

Kartoffelsuppe 44

Kräuterfritatten 46

Kräutersuppe 48

Kressesuppe 50

Kürbissuppe 52

Rote Rübensuppe 54

Spargelsuppe 56

Tomatensuppe 58

Zucchinisuppe 60

Salate

Frühlingssalat 64

Gurken-Paprikasalat 66

Kartoffel-Gurkensalat 68

Krautsalat 70

Kichererbsen mit Erdbeeren 72

Spargel-Erdbeersalat 74

Spargelsalat 76

Sprossensalat 78

Salat mit Alfalfa 80

Salat mit Eierschwammerln 82

Saucen

Champignonsauce 86

Gemüsesauce 88

Kräutersauce 90

Spargelsauce 92

Tomatensauce 94

Hauptspeisen

Bärlauchrisotto 98

Blumenkohl mit Bröseln 100

Brennnesselspinat 102

Couscous mit Zucchini 104

Dinkelspaghetti mit Karotten 106

Geröstete Eierschwammerln 108

Eierschwammerln-Zucchini-Eintopf 110

Erbsenschoten 112

Gemüsepizza 114

Gemüserösti mit Kräutercreme 116
Gegrillter Gemüsespieß 118
Grünkernrisotto 120
Kartoffelknöderl mit Gemüse 122
Kartoffelpuffer 124
Kartoffelpüree 126
Kartoffelschmarren 128
Kartoffelstrudel 130
Kräuterpalatschinken 132
Krautrouladen 134
Linsenlaibchen 136
Maki 138
Mangoldrouladen 140
Ofenkartoffeln 142
Palatschinken mit Zucchino 144
Gefüllte Paprika 146
Reis mit Kräutersaitlingen 148
Schwammerlgulasch 150
Sojalaibchen 152
Spaghetti mit Basilikum 154
Spaghetti mit Tomatensauce 156
Spargel mit Kräuterdressing 158
Spargelrisotto 160
Spätzle mit Tomatensauce 162
Spinatknödeln 164
Spinatnockerl 166
Tomaten mit Kartoffeln gefüllt 168
Tomaten mit Soja gefüllt 170
Tortellini 172
Zwiebel gefüllt, mit Tomatensauce 174

Nachspeisen
Apfelschlankl 178
Apfelringe 180
Blätterteigtaschen mit Tofufülle 182
Blätterteigtaschen mit Marillen 184
Erdbeergelee 186
Erdbeertörtchen 188
Germstrietzel 190
Heidelbeerpalatschinken 192
Himbeergelee 194
Hollerblüten 196
Hollerpudding 198
Kaiserschmarren 200
Kirschomeletten 202
Limettensorbet 204
Linzer Torte 206
Marillenknödel 208
Mohnbuchteln 210
Mohnnudeln 212
Mohnstrudel 214
Palatschinken 216
Polenta mit Mandelbelag 218
Rhabarber-Erdbeerkompott 220
Pudding 222
Ribisel-Nachspeise 224
Schokopudding mit Erdbeeren 226
Teekuchen mit Nüssen und Rosinen 228